TRABALHO DOMÉSTICO

... O QUE EMPREGADOS E EMPREGADORES PRECISAM SABER

CAROLINA TUPINAMBÁ — *Mestra em Direito Processual pela Universidade do Estado do Rio de Janeiro. Professora de Direito e Processo do Trabalho. Advogada.*

ANDREA BARBOSA — *Graduanda pela Pontifícia Universidade Católica do Rio de Janeiro.*

CAROLINA TUPINAMBÁ
ANDREA CARLA BARBOSA

TRABALHO DOMÉSTICO

... O QUE EMPREGADOS E EMPREGADORES PRECISAM SABER

Dados Internacionais de Catalogação na Publicação (CIP)
(Câmara Brasileira do Livro, SP, Brasil)

> Tupinambá, Carolina
> Trabalho doméstico : ... o que empregados e empregadores precisam saber / Carolina Tupinambá, Andrea Carla Barbosa. — São Paulo : LTr, 2007.
>
> Bibliografia.
>
> ISBN 978-85-361-0980-0
>
> 1. Empregados domésticos — Brasil 2. Empregados domésticos — Leis e legislação — Brasil I. Barbosa, Andrea Carla. III. Título.
>
> 07-3027   CDU-34:331.647.2(81)

Índice para catálogo sistemático:

1. Brasil : Empregados domésticos : Direito do trabalho 34:331.647.2(81)

Produção Gráfica e Editoração Eletrônica: **LINOTEC**
Capa: **ELIANA C. COSTA**
Impressão: **CROMOSETE**

(Cód. 3456.2)

© Todos os direitos reservados

EDITORA LTDA.
Rua Apa, 165 — CEP 01201-904 —
Fone (11) 3826-2788 — Fax (11) 3826-9180
São Paulo, SP — Brasil — www.ltr.com.br

Agosto, 2007

*Para meu avô Murillo, em gratidão
pelo sentimento acolhedor que me
desperta reconhecê-lo na convivência
e tratamento àqueles que trabalham
para a gente, melhor, conosco.*

Carolina Tupinambá

*Sem predileção de qualquer gênero
ou grau, dedico as linhas que se
seguem a todos aqueles que amo e que,
tenho certeza, me amam, e, só por
isso, saberão se reconhecer, cada qual
à sua maneira, nas páginas a porvir.*

Andrea Carla Barbosa

SUMÁRIO

Prefácio — Regina Butrus 9
I. O empregado doméstico: como tudo começou 11
II. Quem é o empregado doméstico? ... 12
III. A habitualidade do serviço doméstico 18
IV. Documentos para admissão 22
  • Carteira de trabalho 22
  • Carnê do INSS 23
  • Carta de referência 25
  • Comprovante de residência 25
  • Contrato 25

V. A responsabilidade das agências de empregados domésticos 27
VI. A sucessão do empregador doméstico 28
VII. Direitos do empregado doméstico .. 30
VIII. Direitos trabalhistas dos domésticos 32
  • Salário mínimo 32
  • Gratificação natalina ou 13º salário . 36
  • Repouso semanal remunerado 37

- Férias 44
- Vale-transporte 49
- Estabilidade da gestante 56

IX. **Direitos previdenciários do doméstico** 59
- Licença-maternidade e paternidade 59
- Aposentadoria 61

X. **Direitos rescisórios do doméstico** ... 62
- Extinção do contrato de trabalho sem justa causa 64
- Extinção do contrato de trabalho por justa causa 65

XI. **Direitos que não foram estendidos ao doméstico** 67
- Direitos sindicais 69

XII. **Direitos e deveres do empregador doméstico** 71

XIII. **Outras mudanças trazidas pela Lei n. 11.324/2006** 72

XIV. **A representação do empregador doméstico na Justiça do Trabalho** ... 73

XV. **Os bens de família e o empregado doméstico** 78

Considerações finais 79

PREFÁCIO

É com grande alegria que prefacio a obra "Trabalho Doméstico ... o que empregados e empregadores precisam saber", de co-autoria de *Carolina Tupinambá*, que foi minha aluna no curso de graduação da Faculdade de Direito da Universidade do Estado do Rio de Janeiro. Mais tarde, candidatou-se à pós-graduação e, sob minha orientação, cursou com brilho o mestrado e obteve com louvor a titulação. Carolina Tupinambá, com o compromisso e criatividade que marcam a sua trajetória destacada e responsável no seio da advocacia e da academia, em parceira com sua dedicada e estudiosa estagiária Andrea Carla Barbosa, idealizou oferecer orientação aos interessados por matéria palpitante do dia-a-dia: o trabalho doméstico.

Os escritos foram motivados por uma série de consultas feitas por amigos, clientes e parentes... Ora, qual advogado trabalhista nunca foi abordado por dúvidas típicas das relações de trabalho mais usuais de nosso cotidiano?

As autoras trataram, então, de reunir as situações mais interessantes ocorridas e lavraram obra atualíssima, de fácil leitura, simples e organizada, bem servindo a tantos quantos devam saber os elementos jurídicos gravitantes em torno do tema trabalho doméstico.

Destarte, as autoras não se descuraram da análise principiológica, ressaltando questões as mais controvertidas, que, pela linguagem técnica e didática, fazem do volume não apenas servil aos profissionais do direito, mas, também, aos homens e mulheres envolvidos na convivência laboral doméstica. Ademais, a obra reúne recentes decisões dos tribunais trabalhistas e expõe resumidos posicionamentos doutrinários, além de uma abordagem que, sem dúvida, orienta como proceder à luz da legislação vigente.

Por fim, a obra, na originalidade de sua inspiração, legitima-se pela maturidade no tratamento dos direitos e respeito aos papéis desempenhados por ambos os lados envolvidos nas relações de trabalho doméstico.

A consciência de direitos é o mais significativo dos aparatos civilizadores. Por esta razão, posso dizer que é motivo de efusiva saudação o surgimento de um trabalho prático e de cunho democrático.

Regina Butrus
Professora Adjunta de Direito Processual do Trabalho.
Faculdade de Direito da Universidade do
Estado do Rio de Janeiro.
Procuradora Regional do Trabalho

I. O EMPREGADO DOMÉSTICO: COMO TUDO COMEÇOU

Inicialmente, no Brasil, as Ordenações do Reino disciplinaram o trabalho doméstico, realizado no âmbito residencial de outrem e de origem etimológica latina (*domus* — casa).

O Código Civil de 1916 tratou do assunto no capítulo referente à locação de serviços (art. 1.216 e ss.), que se aplicava às relações de trabalho em geral.

Em 1941, o Decreto-lei n. 3.078, dispôs sobre a locação dos empregados em serviços domésticos, inaugurando acirradas discussões em torno de sua vigência. Em verdade, alguns entendiam que o referido diploma legal não entrara em vigor, à falta de regulamentação, outros sustentavam a sua auto-executoriedade no que fosse possível, enquanto outros, ainda, o consideravam revogado pela CLT e legislação complementar.

Mais tarde, em 11 de dezembro de 1972, editou-se a Lei n. 5.859, disciplinando o trabalho doméstico. Em 1988, o parágrafo único do art. 7º da Constituição vigente[1] ampliou os direitos até então assegurados.

---

(1) Art. 7º, parágrafo único, da Constituição Federal: "São assegurados à categoria dos trabalhadores domésticos os direitos previstos nos incisos IV, VI, VIII, XV, XVII, XVIII, XIX, XXI e XXIV, bem como a sua integração à previdência social."

II. QUEM É O EMPREGADO DOMÉSTICO?

De acordo com a Lei n. 5.859, de 11 de dezembro de 1972, empregado doméstico é a pessoa física que presta serviços de natureza contínua e de finalidade não lucrativa à pessoa ou à família no âmbito residencial destas.

Em verdade, o serviço doméstico pode ser prestado a pessoa que reside só, a família ou até mesmo a pessoas que se reúnem para viver comunitariamente, como em uma república de estudantes, por exemplo, onde não se explora qualquer atividade lucrativa.

A principal característica, portanto, do trabalho doméstico, afora a continuidade da prestação de serviços, é o fato de a atividade exercida pelo empregado doméstico não resultar em lucro para o empregador.

Nesses termos, integram a categoria os(as) seguintes trabalhadores(as): cozinheiro(a), governanta, babá, lavadeira, faxineiro(a), vigia, motorista particular, jardineiro(a), acompanhante de idosos(as), enfermeiro(a) residencial, entre outros. O(a) caseiro(a) também é considerado(a) empregado(a) doméstico(a), quando o sítio ou local onde exerce a sua atividade não possui finalidade lucrativa.

Equipara-se, ainda, a empregado doméstico, a pessoa física que trabalha como *segurança dos familiares de seu empregador*, reunindo os pressupostos do art. 1º da Lei n. 5.859, de 1972. Nestes casos, cabe registrar que a circunstância de o obreiro prestar serviços fora dos limites da residência do empregador deve-se à natureza de suas atribuições, que consistem, justamente, no acompanhamento de todos os membros da família para zelar pela sua segurança. Dessa forma, o aspecto a ser considerado, no caso, é a ausência de finalidade lucrativa da atividade desenvolvida pelo trabalhador.

De acordo com o Tribunal Superior do Trabalho, inexiste relação empregatícia entre o *pedreiro* e o proprietário de obra residencial, por não explorar este último atividade econômica, tampouco assumir os riscos a ela inerentes. De fato, a previsão legal do art. 2º da CLT exige, para caracterização do empregador, a assunção de uma atividade econômica e dos riscos inerentes a ela, requisito que não se encontra presente na figura do dono de obra residencial, impossibilitando a configuração do vínculo de emprego. Todavia, vale registrar que, neste aspecto, existe interessante divergência jurisprudencial.

Segundo a corrente divergente, quando é o próprio dono da casa que a constrói, ele exerce uma atividade econômica, eis que está aumentando o seu patrimônio, está substituindo a empresa, sendo, portanto, empregador, tal como preconiza o art. 2º da CLT, pois assume o risco da atividade, admite e assalaria pessoal. Ademais, aquele que se embrenha na construção de residência particular substitui o empreiteiro da construção civil que deveria realizar a obra.

Outrossim, equipara-se a doméstico a pessoa que, no âmbito residencial de alguém, presta serviços contínuos de *acompanhamento a pessoa idosa ou serviços de asseio e enfermagem a membro da família* doente ou inválido, sem qualquer finalidade lucrativa[1]. Mesmo que esses serviços sejam prestados ao idoso ou enfermo, em caráter particular, em casa de repouso, caracte-

---

(1) "Enfermeiro no âmbito residencial. Profissional enfermeiro que executa serviços de enfermagem, na residência do reclamado, sem finalidade lucrativa, é considerado empregado doméstico". TST.RR 4.138/88.6 (Ac. 2ª T. 3.108/91). 2ª Reg. Red. Design.: Min. Hylo Gurgel. DJU de 29.11.91, p. 17.430. Julgados Trabalhistas Selecionados. Irany Ferrari e Melchíades Rodrigues Martins. São Paulo: LTr Editora, 1992, p. 227.
"EMPREGADO DOMÉSTICO. ENFERMEIRO. LABOR EM ÂMBITO RESIDENCIAL. AUSÊNCIA DE FINALIDADE LUCRATIVA. CARACTERIZAÇÃO. Considera-se doméstico 'aquele que presta serviços de natureza contínua e de finalidade não lucrativa à pessoa ou à família, no âmbito residencial destas' (art. 1º, Lei n. 5.859/72). Assim, caracteriza o trabalhador como doméstico a realização de serviços direcionados à pessoa ou família, no âmbito residencial e sem a finalidade lucrativa, isto é, sua mão-de-obra não gera lucros financeiros para o empregador, beneficiário direto ou indireto (família) do labor". TRT — 15ª Reg. — Proc. 20.983/03 (41.442/03 — PATR) — 4ª. T. Rel: Juiz Manuel Soares Ferreira Carradita — DOESP 19.12.2003. Revista Síntese, n. 179, p. 96.

riza-se o vínculo de emprego doméstico, por atenderem a uma necessidade familiar, que consiste em dar assistência aos seus membros. De fato, o conceito de âmbito familiar não se atrela ao lugar da prestação dos serviços, mas a quem o aproveita.

Sem prejuízo de intensa divergência entre tribunais, entendemos que o *vigia de rua, contratado por grupo de moradores de residências vizinhas,* exerça função semelhante ao porteiro ou zelador de prédios residenciais.

Deste modo, sem razão seu respectivo enquadramento como doméstico, sendo pertinente a aplicação analógica da Lei n. 2.757, de 23 de abril de 1956. Como é sabido, a referida legislação incluiu na sua esfera normativa "os porteiros, zeladores, faxineiros e serventes de prédios de apartamentos residenciais, desde que a serviço da administração do edifício e não de cada condômino em particular".

Neste viés, em termos de responsabilidade trabalhista, deverá responder cada morador pela cota parte que lhe competir. Isto porque, interessante observar que, se os serviços forem prestados a um conjunto de moradores de casas vizinhas, a situação se assemelha a um "condomínio de fato".

Não obstante, o Egrégio Tribunal Superior do Trabalho — cremos, erroneamente — tem atribuído a relação de emprego doméstico ao guarda noturno que presta serviços a vários moradores de rua. Confira-se:

> "Vigia de residência. Relação de emprego. O trabalho do guarda noturno que presta serviços a vários moradores de rua residencial reveste-se de natureza doméstica. Recurso parcialmente conhecido e provido". TST — 5ª T. — RR-326953/96.9 — Red.: Min. Darcy Carlos Mahle — DJ 17.12.99 — p. 379. Revista do Direito Trabalhista, janeiro 2000.

Na hipótese de haver *exploração de atividade lucrativa*, seja na residência urbana, onde o proprietário mantenha, por exemplo, uma pensão, seja na chácara, com a comercialização de seus produtos, concorrendo o trabalhador com seu serviço para essas atividades, não há que se falar em trabalho doméstico, sendo aplicáveis, respectivamente, o art. 3º da CLT e o art. 2º da Lei n. 5.889, de 1973.

Assim, por exemplo, não é doméstico o empregado que trabalha fabricando queijos, ainda que em ambiente familiar do empregador, destinados a venda a terceiros. O serviço prestado na hipótese é fator de produção para quem dele se utiliza. Todavia, domésticos serão os que trabalharem apenas nas residências de uma fazenda, por hipótese, arrumando a casa ou cozinhando para os seus proprietários. Não é, portanto, a destinação do empreendimento como um todo, mas também a atividade ali desenvolvida pelo trabalhador que irá caracterizar a natureza da relação jurídica.

Caso haja concomitância na prestação de serviços domésticos e em atividade lucrativa, para um mesmo credor de trabalho, prevalecerá o ordenamento jurídico que for mais favorável ao trabalhador, ou seja, o celetista. Confira-se:

> "Quando o trabalhador presta serviços domésticos e não domésticos ao empregador, deve prevalecer o regime jurídico que maior proteção proporcionar ao trabalhador, no caso, o da Consolidação das Leis do Trabalho". TRT-8ª Reg. RO 243/86, julgado em 5.5.86; Rel.: Juiz Rider N. Brito. Repertório de Jurisprudência Trabalhista. João de Lima Teixeira Filho, vol. 5, p. 258.

III. A HABITUALIDADE DO SERVIÇO DOMÉSTICO

A definição legal do que seja empregado doméstico merece rápido comentário, no que diz respeito ao pressuposto da continuidade da prestação de serviços. De acordo com Jurisprudência majoritária dos Tribunais Trabalhistas, inclusive do TST, a prestação de serviços apenas duas vezes por semana não é suficiente para se caracterizar a relação de trabalho doméstico[1].

---

(1) "Pretende o Reclamante o reconhecimento do vínculo empregatício doméstico, em razão dos serviços prestados à Reclamada no máximo duas vezes por semana, que compreendiam 'levar a reclamada de carro, uma vez por mês, ao médico, duas vezes por semana ao dentista, ao supermercado e a passeios esporádicos, além de sair para passear com a cachorrinha, ir ao supermercado, comprar revistas e lavar o carro.' (fls. 51). A Lei n. 5.859/72, que dispõe sobre a profissão de empregado doméstico, exige deste a prestação de serviços 'de natureza contínua', no âmbito residencial da pessoa ou família. A controvérsia cinge-se a estabelecer se o serviço realizado duas vezes por semana atende ao requisito da continuidade exigido pela Lei. A jurisprudência firma-se no sentido de não considerar contínuo o trabalho efetuado em poucos dias na semana, consoante se extrai dos precedentes transcritos. Recurso conhecido e desprovido." (Decisão proferida pelo Tribunal Superior do Trabalho, em 3.12.2003)

"RECURSO DE REVISTA. NÃO RECONHECIMENTO DE VÍNCULO EMPREGATÍCIO — DA FAXINEIRA QUE PRESTA SERVIÇOS EM CASA DE FAMÍLIA EM DOIS DIAS DA SEMANA — AUSÊNCIA DO REQUISITO DA CONTINUIDADE. A chamada 'diarista' que trabalha em casa de família em dois dias da semana, como faxineira não é empregada doméstica, em face da falta

Entretanto, a matéria ainda não está pacificada. Há quem entenda que a prestação de serviços domésticos duas vezes na semana já seria mais do que suficiente a atender ao requisito legal da continuidade.

Para os que assim entendem, a faxineira, por exemplo, que trabalhe em casa de família dois dias na semana, seria empregada doméstica. Os doutrinadores e juízes que sustentam essa tese, geralmente aplicável nas hipóteses de intermitência na prestação de serviços não diários, entendem estar a continuidade presente também quando o trabalho se repita em intervalos regulares.

Sem dúvida, é a continuidade ou não da prestação de serviços, em uma mesma residência, que irá diferenciar o empregado doméstico

---

de continuidade, requisito para reconhecimento de vínculo empregatício. Revista conhecida e provida." (Decisão proferida pelo Tribunal Superior do Trabalho, em 1º.10.2003)

"DOMÉSTICA. TRABALHO EM TRÊS DIAS SEMANAIS E PRESTADOS AO LONGO DE VÁRIOS ANOS. VÍNCULO EMPREGATÍCIO RECONHECIDO. A continuidade prevista no art. 1º da Lei n. 5.859/72, como elemento essencial à relação de emprego doméstico, caracteriza-se pelo comparecimento durante toda a semana ou, ao menos, na maior parte dos dias, à exceção dos domingos. À míngua de critérios objetivos na lei e que possam servir de parâmetro para tal conclusão, a jurisprudência tem se orientado no sentido de considerar empregado doméstico o trabalhador que preste serviços em pelo menos três dias na semana e para a mesma residência. Trata-se de construção jurisprudencial que adotou referido parâmetro por entendê-lo perfeitamente indicativo do requisito da continuidade e que se traduz no diferencial entre o trabalho na condição de verdadeiro empregado doméstico e o de simples diarista." (Decisão proferida pelo TRT da 2ª Região, em 30.5.2006) do simples diarista. Assim, por exemplo, não é considerada empregada doméstica quem, uma vez por semana, a seu critério, lava e passa em casa de família.

Entendemos ser necessário, para a configuração do trabalho doméstico, que o labor prestado seja seguido, não sofra interrupção. De fato, um dos pressupostos do conceito de empregado doméstico é, justamente, a *continuidade*, inconfundível com a não-eventualidade exigida como elemento da relação jurídica advinda do contrato de emprego firmado entre empregado e empregador, regido pela CLT.

Ora, a continuidade pressupõe ausência de interrupção, enquanto a não-eventualidade diz respeito ao serviço que se vincula aos fins normais da atividade da empresa. Assim, não é o tempo em si que desloca a prestação de trabalho de efetivo para eventual, mas o próprio nexo da prestação desenvolvida pelo trabalhador com a atividade da empresa. Diferente da não-eventualidade, característica independente do tempo, é a continuidade, uma vez afeta à interrupção, fenômeno de indubitável natureza temporal.

Ressalte-se que a expressão "contínua" é fixada pela definição dada pela própria lei ao empregado doméstico, relativamente à natureza do serviço por ele prestado.

Como se não bastasse, vale, ainda, apontar que o regulamento da Lei de Benefícios da Previdência Social (art. 9º, V, § 15, VI, do Decreto n. 3.048, de maio de 1999) considera contribuinte individual da previdência social apenas aquele que presta serviço de natureza não contínua, por conta própria, a pessoa ou a família, no âmbito residencial desta, sem fins lucrativos. Neste compasso, a *contrario sensu*, quem preste serviço contínuo, ou seja, o empregado doméstico encontra-se em outro inciso (II) deste art. 9º, que trata dos segurados da Previdência Social.

Como se percebe, segundo nossa concepção, não é doméstica a trabalhadora de residência que lá comparece em alguns dias da semana, por faltar na dita relação jurídica, justamente, o elemento continuidade.

Sem dúvida, a falta de previsão legal do que seja serviço contínuo dificulta a segurança jurídica nas causas que tenham como principal objeto de lide, exatamente a controvérsia em torno da continuidade ou não do serviço doméstico. O critério apresentado, a nosso ver, tem respaldo no art. 8º da CLT[2].

---

(2) "Art. 8º As autoridades administrativas e a Justiça do Trabalho, na falta de disposições legais ou contratuais, decidirão, conforme o caso, pela jurisprudência, por analogia, por eqüidade e outros princípios e normas gerais de direito, principalmente do direito do trabalho, e, ainda, de acordo com os usos e costumes, o direito comparado, mas sempre de maneira que nenhum interesse de classe ou particular prevaleça sobre o interesse público. Parágrafo único. O direito comum será fonte subsidiária do direito do trabalho, naquilo em que não for incompatível com os princípios fundamentais deste."

IV. DOCUMENTOS PARA ADMISSÃO

• **CARTEIRA DE TRABALHO**

A Carteira de Trabalho e Previdência Social é indispensável à contratação do empregado doméstico. Ali deverão ser feitas todas as anotações relativas ao contrato de trabalho e às condições ajustadas, como data de admissão, de demissão, quando for o caso, remuneração e sua forma de pagamento, variações salariais, natureza do cargo a ser exercido etc. Os períodos de concessão de férias também devem se fazer presentes na CTPS.

A emissão da Carteira é feita de forma gratuita pelas Delegacias Regionais do Trabalho[1] e, na prática, não costuma levar mais do que uma semana para ficar pronta. Os documentos necessários para sua expedição são (i) uma foto 3 x 4 e (ii) um documento de identidade, como certidão de casamento ou nascimento ou, ainda, carteira de identidade.

É importante lembrar que o fato do empregado não possuir a Carteira de Trabalho não servirá de argumento para o empregador se exi-

---

(1) No Rio de Janeiro, a Delegacia Regional do Trabalho se localiza na Av. Presidente Antônio Carlos, n. 251, Centro.

mir da responsabilidade de proceder às anotações devidas. Portanto, é imprescindível solicitar a CTPS do empregado no ato de admissão.

• **CARNÊ DO INSS**

Outro documento importante é o carnê do INSS, que servirá a comprovar que os recolhimentos previdenciários devidos foram efetuados ao longo da execução do contrato de trabalho. O carnê pode ser adquirido em qualquer papelaria. Para o empregado doméstico, o recolhimento é de 19,65% sobre o valor da remuneração constante da CTPS.

Todo mês, até o dia 15[(2)] do mês subseqüente àquele a que as contribuições se referirem, o empregador deverá efetuar, por meio do carnê, em qualquer agência bancária, referidos depósitos, em proporções que variam de acordo com as seguintes faixas salariais:

Salário-de-contribuição (R$)	Alíquota para fins de recolhimento/Empregado ao INSS (%)
até 868,29	7,65% do salário
de 868,30 até 1.140,00	8,65% do salário
de 1.140,01 até 1.147,14	9% do salário
de 1.147,15 até 2.894,28	11% do salário

(2) Lembrando-se que se o dia 15 cair em dia de sábado, domingo ou feriado, prorroga-se o vencimento para o primeiro dia útil subseqüente ao dia 15.

Importante mencionar que é do empregador doméstico a responsabilidade pelos recolhimentos previdenciários, tanto da parcela a seu encargo, quanto à do empregado doméstico a seu serviço, a teor do que dispõe o art. 12, do Decreto n. 71.885/73, que regulamentou a Lei n. 5.859/72[3].

É possível, ainda, aos segurados contribuinte individual e facultativo, cujos salários-de-contribuição sejam iguais ao valor de um salário-mínimo, optarem pelo recolhimento trimestral das contribuições previdenciárias, com vencimento no dia 15 do mês seguinte ao de cada trimestre civil, prorrogando-se o vencimento para o dia útil subseqüente quando não houver expediente bancário no dia 15.

Se o empregado ainda não estiver inscrito no Regime Geral de Previdência Social, deverá se dirigir a um posto do INSS ou a uma agência dos correios com um documento de identificação, seu CPF, Carteira de Trabalho, Título de Eleitor e comprovante de residência. A inscrição pode ser feita, inclusive, via *internet*, pela página do INSS (www.inss.org.br), ou pelo telefone (0800-780191).

---

(3) "Art. 12. O recolhimento das contribuições, a cargo do empregador doméstico, será realizado na forma das instruções normativas a serem baixadas pelo Instituto Nacional do Seguro Social, em formulário próprio, individualizado por empregado doméstico."

• CARTA DE REFERÊNCIA

O atestado de boa conduta, substituído pela carta de referência, geralmente assinada por antigos empregadores, é apenas recomendável para o fim de se atestar a idoneidade e a capacidade profissional do empregado contratado.

• COMPROVANTE DE RESIDÊNCIA

O comprovante de residência, por sua vez, é importante, não só para se definir o custo da passagem (vale-transporte) necessária à locomoção do empregado doméstico no percurso de ida e volta casa-trabalho, como também por permitir ao empregador entrar em contato com o empregado em caso de falta ao serviço, até mesmo para efeitos de desconto de um dia de salário etc.

• CONTRATO

Embora não seja obrigatório, sugere-se, ainda, que, além do contrato firmado na CTPS, seja elaborado um contrato à parte, por escrito, contendo todas as obrigações do empregado doméstico, tais quais, jornada de trabalho; horário de trabalho; assiduidade e pontualidade ao serviço, sob pena de desconto da remuneração do dia de repouso obrigatório; desconto de 6% no salário-base a título de vale-transporte etc.

A lei não estabelece que funções poderão ser objeto do contrato de experiência. Desta forma, nada impede seja firmado com o empregado doméstico um contrato de experiência, uma vez que esse tipo de ajuste destina-se a avaliar não só a aptidão para o trabalho, mas também a conduta pessoal do trabalhador.

Destarte, não invalida o ajuste o fato de o empregado ter sido contratado a título de experiência como doméstico, porquanto o que se pretende com o referido contrato a termo não é apenas a aferição do desempenho funcional do obreiro, mas a avaliação recíproca, que, por um lado, permite ao empregador analisar a personalidade e o entrosamento do empregado no ambiente de trabalho, e, por outro, dá ao trabalhador a oportunidade de verificar se o emprego atende as suas expectativas.

Todavia, saliente-se, que há quem considere impossível ao doméstico a contratação por experiência, ao argumento de que as normas consolidadas não se lhe aplicam, devendo, sempre, ser regido pelas regras do contrato por prazo indeterminado.

V. A RESPONSABILIDADE DAS AGÊNCIAS DE EMPREGADOS DOMÉSTICOS

As agências especializadas na indicação de empregados domésticos são civilmente responsáveis pelos atos ilícitos cometidos por estes no desempenho de suas atividades, por força do art. 1º da Lei n. 7.195, de 12 de junho de 1984:

"Art. 1º As agências especializadas na indicação de empregados domésticos são civilmente responsáveis pelos atos ilícitos cometidos por estes no desempenho de suas atividades."

Destarte, no ato de contratação, a agência firmará compromisso com o empregador, obrigando-se a reparar qualquer dano que venha a ser praticado pelo empregado contratado, no período de um ano.

VI. A SUCESSÃO DO EMPREGADOR DOMÉSTICO

Dadas as peculiaridades existentes no âmbito familiar, o qual não se confunde com a empresa, e considerando-se, ainda, a natural circunstância de ser o doméstico um trabalhador de alta confiança, em cujo contrato, consectariamente, sobressai a característica *intuitu personae*, a jurisprudência não tem reconhecido sucessão trabalhista em hipóteses de morte do empregador, por exemplo. Sem prejuízo, evidentemente, reconhece-se que os herdeiros devam responder pelos direitos porventura não atendidos por aquele.

O raciocínio a embalar o posicionamento dos tribunais aponta no sentido de que o doméstico vincula-se à pessoa do empregador e não a sua residência, pois esta não pode ser considerada estabelecimento ou empresa. Além disso, as disposições contidas nos arts. 10[1] e 448[2],

---

(1) Art. 10. Qualquer alteração na estrutura jurídica da empresa não afetará os direitos adquiridos por seus empregados.

(2) Art. 448. A mudança na propriedade ou na estrutura jurídica da empresa não afetará os contratos de trabalho dos respectivos empregados.

ambos da CLT, não se aplicam aos empregados domésticos, por força do que dispõe o art. 7º, a[3], desse mesmo instituto legal.

---

(3) Art. 7º Os preceitos constantes da presente Consolidação, salvo quando for, em cada caso, expressamente determinado em contrário, não se aplicam: a) aos empregados domésticos, assim considerados de um modo geral, os que prestam serviços de natureza não econômica à pessoa ou à família, no âmbito residencial destas; (...)

VII. DIREITOS DO EMPREGADO DOMÉSTICO

A Consolidação das Leis do Trabalho, datada de 1943, deixou de fora de seu âmbito de proteção o empregado doméstico, salvo quando lei especial dispusesse em sentido contrário[1]. Como regra, portanto, a CLT não se aplicava às relações de trabalho doméstico.

De fato, foi só em 1972, com o advento da Lei n. 5.859, que alguns dos direitos trabalhistas e previdenciários foram concedidos aos domésticos. Na verdade, muito poucos: apenas o direito a férias remuneradas e a inclusão do doméstico no Regime Geral de Previdência Social como segurado obrigatório.

A Constituição Federal de 1988, por sua vez, generosa e delicadamente, na contramão do que dispunha a CLT, em dispositivo, hoje, revogado, estendeu aos empregados domésticos alguns dos direitos trabalhistas contidos no repertório do art. 7º, entre outros, (i) salário mínimo; (ii) gratificação natalina; (iii) repouso sema-

---

[1] Art. 7º Os preceitos constantes da presente Consolidação, salvo quando for, em cada caso, expressamente determinado em contrário, não se aplicam: a) aos empregados domésticos, assim considerados, de um modo geral, os que prestam serviços de natureza não-econômica à pessoa ou à família, no âmbito residencial destas;.

nal remunerado; (iv) férias anuais remuneradas com, pelo menos, 1/3 a mais do que o salário normal; (v) licença à gestante, sem prejuízo do emprego e do salário, com duração de 120 dias; (vi) licença-paternidade; (vii) aviso-prévio; (viii) aposentadoria e integração à Previdência Social.

Alguns dos direitos ali previstos, porém, ainda não foram estendidos aos domésticos, dentre os quais se destacam o Fundo de Garantia por Tempo de Serviço, jornada de trabalho de 8 horas diárias e 44 semanais, horas extras, adicional noturno, seguro-desemprego etc.

Passa-se, então, em primeiro lugar, a analisar brevemente quais os direitos conferidos aos domésticos e a forma como devem ser exercitados, para, em seguida, tratar daqueles que não lhes foram contemplados. Faz-se, ainda, a diferenciação entre os direitos trabalhistas e previdenciários e aqueles devidos por ocasião da extinção do contrato de trabalho em suas diversas modalidades.

VIII. DIREITOS TRABALHISTAS DOS DOMÉSTICOS

• **SALÁRIO MÍNIMO**

Salário é a contraprestação dos serviços prestados pelo empregado, devido e pago diretamente pelo empregador. Ou melhor, de acordo com orientação fixada no art. 4º da CLT[(1)], é a contrapartida pelo tempo que o empregado permanece à disposição do empregador, pois existem situações em que o empregado não trabalha e, ainda assim, é remunerado. É o que ocorre, por exemplo, nas férias.

A Constituição Federal assegura a todos os trabalhadores salário mínimo, fixado em lei, nacionalmente unificado. Como se sabe, o salário mínimo atualmente vigente para todo o país é de R$ 380,00 mensais, de forma que nenhum empregado pode receber menos do que isso. Nada impede, porém, que os Estados fixem salário mínimo superior ao nacional, tal qual ocorre no Rio de Janeiro com os empregados domésticos.

Assim, para os domésticos que trabalham no Estado do Rio de Janeiro, o salário mínimo é

---

(1) Art. 4º Considera-se como serviço efetivo o período em que o empregado esteja à disposição do empregador, aguardando ou executando ordens, salvo disposição especial expressamente consignada.

um pouquinho maior, de *R$ 424,88*. Nos Estados em que não houver lei especial a respeito, vigora o mínimo nacional, de R$ 380,00.

É claro que referido valor, R$ 380,00, ou, no caso do Rio de Janeiro, R$ 424,88, corresponde ao trabalho mensal, de forma que o empregado doméstico que trabalhe só 3 vezes na semana, ou, o que dá no mesmo, 12 dias no mês, por exemplo, receberá remuneração proporcional aos dias trabalhados.

Em outros termos, se o doméstico não trabalhar todos os dias do mês, receberá o salário dividido por trinta e multiplicado pelo número de dias trabalhados.

Tome-se como exemplo um emprego doméstico que trabalhe no Rio de Janeiro e que ganhe o mínimo previsto para sua categoria, isto é, R$ 424,88. Por dia, ganha R$ 14,16 (424,88 ÷ 30 = 14,16). Se trabalhar 3 vezes na semana, ganhará R$ 14,16 × 3 = R$ 42,48, o que totalizará, no final do mês, 169,92, menos, portanto, do que o mínimo legal.

Assim, ao contrário do que se costuma pensar, não é sempre que o empregado recebe o mínimo legal. Pode ser que, em virtude do número de dias trabalhados, receba salário proporcional. O que não pode acontecer, sob pena de violação a Constituição Federal, é que receba, pelo dia de trabalho, menos do que o mínimo legal, que é, para os domésticos, de R$ 14,16, ou seja, 1/30 do salário mínimo, *salvo disposição em contrário*.

O que a Constituição espera, sinceramente, é que o salário mínimo proporcione aos que trabalham e a seus familiares, acima de tudo, existência digna. Quer-se, enfim, que o salário mínimo satisfaça as necessidades básicas do trabalhador, bem como as de sua família, com saúde, lazer, alimentação, educação, moradia, vestuário, higiene, transporte e previdência, de modo que, recentemente, se proibiu fossem efetuados descontos no salário do doméstico pelo fornecimento das referidas utilidades[2].

É que, como regra, a CLT permite que parte do salário seja pago em dinheiro e outra parte em utilidades como alimentação, moradia, vestuário etc., descontando-se do salário mínimo percentuais máximos fixados na própria lei[3]. A parte do salário paga em dinheiro não poderá ser inferior a 30% do salário mínimo vigente:

---

(2) Art. 2º-A, da Lei n. 5.859/72: É vedado ao empregador doméstico efetuar descontos no salário do empregado por fornecimento de alimentação, vestuário, higiene e moradia. § 1º Poderão ser descontadas as despesas com moradia de que trata o *caput* deste artigo quando essa se referir a local diverso da residência em que ocorrer a prestação de serviço, e desde que essa possibilidade tenha sido expressamente acordada entre as partes. § 2º As despesas referidas no *caput* deste artigo não têm natureza salarial nem se incorporam à remuneração para quaisquer efeitos.

(3) Art. 458 da CLT: Além do pagamento em dinheiro, compreende-se no salário, para todos os efeitos legais, a alimentação, habi-

Art. 82, da CLT: "Quando o empregador fornecer, *in natura*, uma ou mais das parcelas do salário mínimo, o salário em dinheiro será determinado pela fórmula Sd = Sm — P, em que Sd representa o salário em dinheiro, Sm o salário mínimo e P a soma dos valores daquelas parcelas naquela região, zona ou subzona (atualmente região ou sub-região)."

A Lei n. 5.859/72, que regula a relação de trabalho doméstico, entretanto, vedou a possibilidade de o empregador pagar parte do salário do seu empregado com utilidades. Em termos singelos, isto quer dizer que a comida ou vestuário (uniforme) eventualmente entregues ao doméstico não poderão ser deduzidos do salário que tenha a receber.

Só se admite sejam efetuados descontos no salário do empregado doméstico na hipótese de o empregador fornecer moradia em local diverso do da prestação dos serviços, e ainda assim, desde que a condição tenha sido expressamente pactuada.

Se a lei impossibilitou o pagamento de parte do salário do doméstico *in natura*, por outro lado,

---

tação, vestuário ou outras prestações *in natura* que a empresa, por força do contrato ou o costume, fornecer habitualmente ao empregado. Em caso algum será permitido o pagamento com bebidas alcoólicas ou drogas nocivas. (...) § 3º A habitação e a alimentação fornecidas como salário-utilidade deverão atender aos fins a que se destinam e não poderão exceder, respectivamente, a 25% (vinte e cinco por cento) e 20% (vinte por cento) do salário contratual.

agiu com bom-senso e sensibilidade, ao prever que as utilidades, ainda que entregues com habitualidade e pelo serviço, não possuem natureza salarial, de forma que não irão repercutir no cálculo de nenhuma das verbas trabalhistas ou previdenciárias devidas, como gratificação natalina, férias, INSS etc.

- **GRATIFICAÇÃO NATALINA OU 13º SALÁRIO**

Por extensão constitucional, o trabalhador doméstico tem direito ao 13º salário.

De acordo com o art. 1º, parágrafo único do Decreto n. 57.155/65, a gratificação corresponderá a 1/12 (um doze avos) da remuneração devida em dezembro, por mês de serviço do ano correspondente, sendo que a fração igual ou superior a 15 (quinze) dias de trabalho será havida como mês integral.

A gratificação, ainda nos termos da lei, deverá ser paga até o dia 20 de dezembro de cada ano, tomando-se por base a remuneração devida em dezembro, de acordo com o tempo de serviço do empregado do ano em curso, ou, pelo que dita o art. 4º da CLT[4], levando-se em conside-

---

(4) Art. 4º Considera-se como de serviço efetivo o período em que o empregado esteja à disposição do empregador, aguardando ou executando ordens, salvo disposição especial expressamente consignada.

ração o tempo que o empregado permanece à disposição do seu empregador, prestando serviços ou aguardando ordens.

Exige-se, porém, que o empregador efetue, entre os meses de fevereiro e novembro de cada ano, o pagamento do chamado adiantamento da gratificação, correspondente à metade do salário recebido pelo empregado no mês anterior.

Assim, em dezembro, abate-se da gratificação que tenha a receber o que já tenha sido pago em adiantamento.

Dito o básico, imagine-se, por hipótese, que o empregado doméstico receba, para facilitar, salário de R$ 1.200,00, e que este se mantenha inalterado até o final do ano. Tendo trabalhado os 12 meses, receberá os R$ 1.200,00 (1.200 x 12/12 = 1.200). Se, ao revés, só trabalhou 06 meses, receberá 1.200 x 06/12, isto é, 600 Reais.

Nas hipóteses de extinção do contrato antes de dezembro, é devido o 13º salário proporcional, calculado da mesma forma, à razão de 1/12 da remuneração do mês de desligamento por mês trabalhado no correspondente ano.

• **REPOUSO SEMANAL REMUNERADO**

O doméstico também tem direito ao repouso semanal remunerado de 24 horas consecutivas, que deverá recair, preferencialmente, aos domingos. A idéia é que, a cada seis dias de trabalho, descanse um, confira-se:

> "Art. 67. Será assegurado a todo empregado um descanso semanal de vinte e quatro horas consecutivas, o qual, salvo motivo de conveniência pública ou necessidade imperiosa do serviço, deverá coincidir com o domingo, no todo ou em parte."

O mesmo raciocínio se aplica àqueles empregados que trabalhem menos de seis dias na semana e que, portanto, também terão direito a descansar, de preferência, no domingo. Outro dia, entretanto, poderá ser ajustado para que o doméstico descanse.

Qualquer que seja o combinado, se o empregado trabalha no período destinado ao seu repouso semanal, poderá (e deverá!) o empregador compensar o dia trabalhado a mais com uma folga durante a semana.

Se não o fizer, terá de pagar o dia, originariamente de descanso, em dobro, sem prejuízo, porém, da remuneração relativa ao repouso semanal, tal qual preconizado pela Súmula n. 146 do Tribunal Superior do Trabalho:

> "TRABALHO EM DOMINGOS E FERIADOS, NÃO COMPENSADO. O trabalho prestado em

domingos e feriados, não compensado, deve ser pago em dobro, sem prejuízo da remuneração relativa ao repouso semanal."

Note-se que a determinação de pagamento em dobro do dia não compensado é uma maneira de punir o empregador pela não concessão do intervalo semanal, pois que, no final das contas, o empregado terá trabalhado um dia a mais.

Além do mais, o empregado ainda terá direito à remuneração relativa ao repouso semanal, que, de toda forma lhe seria devida, tendo ele trabalhado ou não. Daí, mais correto falar-se no pagamento em triplo.

Explica-se. O Repouso Semanal Remunerado, como o próprio nome está a indicar, é remunerado. Em termos singelos, o que se quer dizer é que embora o domingo não seja, em regra, trabalhado, computa-se na jornada, de forma que deve ser pago ao empregado como se tivesse sido trabalhado.

O empregado, porém, que trabalha no dia destinado ao seu descanso e não "folga" depois, terá trabalhado um dia a mais do que aquele empregado que interrompeu a prestação de serviços no dia de descanso, como, aliás, deve acontecer.

Assim, tem que receber por este um dia de "excesso". Além disso, repare-se que se o trabalhador não houvesse trabalhado receberia o dia de repouso da mesma forma. Como salientado, é da natureza do instituto que assim seja.

Então, como o descanso de vinte e quatro horas é sempre remunerado, o empregador deve ao empregado este dia, que, por força de lei, deve ser pago em dobro. Daí falar-se no pagamento em triplo: duas vezes pelo dia de repouso trabalhado, e uma vez pelo dia trabalhado a mais no final do mês.

Ao contrário, se o empregado faltar ao serviço, sem justificativa, terá descontada a remuneração do dia de repouso, lembrando-se que o valor do salário diário é calculado dividindo-se por 30 o salário mensal. O mesmo ocorrerá se o empregado chegar mais de cinco minutos atrasado ao serviço. Não perderá, porém, qualquer que seja a hipótese, o dia de descanso, só a sua remuneração e, na hipótese de falta, também a do dia que não tenha ido trabalhar.

Deve-se alertar que a perda da remuneração pelo dia do descanso só se justifica em virtude dos atrasos e faltas ocorridos na *mesma semana* em que o empregado não tenha comparecido ao serviço ou tenha chegado fora do horário. Do que se conclui que a freqüência do empregado, para o fim de aferir-se do seu direito à remuneração do repouso, deve ser computada no período de segunda-feira a domingo, anterior à semana em que recair o dia de descanso.

Nesse cômputo leva-se em consideração não só a assiduidade como a pontualidade do empregado no comparecimento ao serviço.

Isto porque, nos termos da Lei n. 605/49, o pressuposto para que o empregado receba pelo dia do repouso é o cumprimento integral do seu horário de trabalho. O atraso ou falta injustificada no decorrer da semana torna indevido o pagamento do repouso, autorizando, portanto, o desconto não só do dia de ausência (no caso de falta, apenas), como também daquele destinado ao repouso.

Assim, se o empregado doméstico trabalha de segunda a sábado e vem a faltar, injustificadamente, na quarta-feira, por exemplo, não perderá o descanso ao domingo, apenas a remuneração do dia de repouso, mais o daquela correspondente ao dia que faltou, é claro. Se, por hipótese, o empregador não efetuar o desconto, tem-se por configurado o perdão tácito, o que o impedirá de, no mês seguinte, por exemplo, proceder ao desconto relativo aquele dia.

Portanto, vários atrasos em uma mesma semana não implicarão descontos na remuneração de distintos repousos, mas só no daquele da semana das faltas e atrasos.

Assim, se o empregado chegar atrasado três dias na mesma semana, só perderá a remuneração correspondente a um domingo.

Se chegar atrasado em um dia e faltar no outro, tudo em uma mesma semana, perderá a remuneração do repouso e ainda será descontado pelo dia que faltou. Mas, se chegar atrasado em quatro dias de uma mesma semana, só perderá a remuneração relativa a um domingo.

Do que se conclui que, a remuneração do repouso só é perdida considerando-se, sempre, o período de uma semana. Em um mês, portanto, o empregado só poderá perder, no máximo, remuneração correspondente a quatro repousos, bastando, para tanto, que tenha se atrasado ou faltado pelo menos um dia em cada uma das quatro semanas do mês.

O desconto só ocorre, todavia, se a falta ou atraso for injustificado. E, ainda assim, se o empregador descontar logo do salário do mesmo mês do atraso ou falta. Um atraso ocorrido no mês de janeiro, por exemplo, não vai poder ser descontado do salário de fevereiro, e assim por diante.

Da mesma forma, o empregador que jamais tenha procedido ao desconto de um dia do salário do seu empregado por tais razões, não poderá, depois, passar a adotar a prática, porque, aí, já se teria criado entre empregado e empregador uma espécie de acordo tácito, segundo o qual, atrasos e faltas não são punidos. A mudança de atitude do empregador representaria, portanto, alteração das condições de trabalho ajustadas, ainda que de forma implícita, o que é vedado pela CLT, de aplicação subsidiária à Lei n. 5.859/72, que trata do trabalho doméstico.

São, dentre outras, as hipóteses em que a lei considera justificadas as ausências e impontualidades do empregado aquelas previstas no art. 6º, da Lei n. 605/49, o qual, por sua clareza, merece transcrição:

> "Art. 6º Não será devida a remuneração quando, sem motivo justificado, o empregado não tiver trabalhado durante toda a semana anterior, cumprindo integralmente o seu horário de trabalho.
>
> § 1º São motivos justificados:
>
> a) os previstos no art. 473 e seu parágrafo único da Consolidação das Leis do Trabalho;
>
> b) a ausência do empregado devidamente justificada, a critério da administração do estabelecimento;
>
> c) a paralisação do serviço nos dias em que, por conveniência do empregador, não tenha havido trabalho;
>
> d) a ausência do empregado, até três dias consecutivos, em virtude do seu casamento;
>
> e) a falta ao serviço com fundamento na lei sobre acidente de trabalho;
>
> f) a doença do empregado, devidamente comprovada.

§ 2º A doença será comprovada mediante atestado de médico da instituição da previdência social a que estiver filiado o empregado, e, na falta deste e sucessivamente, de médico do Serviço Social do Comércio ou da Indústria; de médico da empresa ou por ela designado; de médico a serviço de representação federal, estadual e municipal incumbido de assuntos de higiene ou de saúde pública; ou, não existindo estes, na localidade em que trabalhar, de médico de sua escolha."

O empregado doméstico também tem direito a interromper a prestação dos serviços em dias feriados, civis e religiosos, nos termos do art. 1º, Lei n. 605/49[5].

• **FÉRIAS**

A exemplo do que ocorre com o Repouso Semanal Remunerado, as férias também são

---

(5) De acordo com a Lei n. 9.093, de 12 de setembro de 1995, são considerados feriados civis: I — os declarados em lei federal; II — a data magna do Estado fixada em lei estadual; III — os dias do início e do término do ano do centenário de fundação do Município, fixados em lei municipal. São feriados religiosos os dias de guarda, declarados em lei municipal, de acordo com a tradição local e em número não superior a quatro, neste incluída a Sexta-Feira da Paixão. A Lei n. 662, de 6 abril de 1949, por sua vez, fixou quais seriam os dias feriados nacionais: Art. 1º São feriados nacionais os dias 1º de janeiro, 21 de abril, 1º de maio, 7 de setembro, 2 de novembro, 15 de novembro e 25 de dezembro.

devidas ao empregado doméstico, por conta do que dispõe o parágrafo único, do art. 7º, da Constituição Federal[6].

Trata-se de outra das limitações impostas pelo legislador à duração da jornada, só que agora considerada em termos anuais:

> "Art. 129. Todo empregado terá direito anualmente ao gozo de um período de férias, sem prejuízo da remuneração."

Assim, após cada doze meses de trabalho, o empregado terá direito a férias de 30 dias, acrescidas de 1/3 do valor do salário normal. Ou seja, recebe salário normalmente, como se estivesse trabalhando, e um adicional. Cabe ao empregador decidir em que mês o empregado deverá gozar as férias, que lhe serão pagas até dois dias antes do seu início.

Vale mencionar que o tratamento legal dispensado à matéria foi recentemente alterado pela Lei n. 11.324/06[7], que aumentou de 20 dias úteis para 30 dias corridos o período de férias do doméstico.

---

(6) Art. 7º, parágrafo único, da CF: São assegurados à categoria dos trabalhadores domésticos os direitos previstos nos incisos IV, VI, VIII, XV, XVII, XVIII, XIX, XXI, XXIV, bem como sua integração à previdência social.

(7) Art. 3º O empregado doméstico terá direito a férias anuais remuneradas de 30 (trinta) dias com, pelo menos, 1/3 (um terço) a mais que o salário normal, após cada período de 12 (doze) meses de trabalho, prestado à mesma pessoa ou família.

Saliente-se, por fim, que, na hipótese de o empregador deixar transcorrer o período concessivo, correspondente aos doze meses subseqüentes à data em que o empregado houver adquirido o direito ao descanso anual, sem que seu empregado tenha saído de férias, deverá, como forma de penalidade, pagá-las em dobro[8]:

> Art. 137. Sempre que as férias forem concedidas após o prazo de que trata o art. 134, o empregador pagará em dobro a respectiva remuneração.
>
> Art. 134. As férias serão concedidas por ato do empregador, em um só período, nos 12 (doze) meses subseqüentes à data em que o empregado tiver adquirido o direito.

Assim, se não quiser pagar a remuneração das férias duas vezes deverá diligenciar para que o empregado "saia" de férias dentro dos doze meses seguintes ao denominado período aquisitivo.

Impende registrar que, a partir da edição do Decreto n. 3.197/99 (DOU 6.10.1999) que introduziu a Convenção n. 132 da OIT em nosso

---

(8) Há entendimento jurisprudencial no sentido de que a doméstica não teria direito a férias em dobro pela sua não concessão nos 12 meses subseqüentes ao período aquisitivo. Por prudência, recomenda-se que a empregada doméstica saia de férias dentro do prazo legal.

ordenamento, o pagamento proporcional de férias, na forma preceituada no parágrafo único do art. 146 da CLT[9], passou a ser devido, inclusive, para os trabalhadores domésticos que tenham pedido demissão e possuam menos de um ano de serviço.

Tal entendimento está sedimentado no TST que, inclusive, alterou, após intensa divergência jurisprudencial[10], a redação do seu Enunciado n. 261 para adequá-lo à Convenção n. 132 da OIT. Vale conferir:

---

(9) Art. 146, parágrafo único: Na cessação do contrato de trabalho, após 12 (doze) meses de serviço, o empregado, desde que não haja sido demitido por justa causa, terá direito à remuneração relativa ao período incompleto de férias, de acordo com o art. 130, na proporção de 1/12 (um doze avos) por mês de serviço ou fração superior a 14 (quatorze) dias.

(10) EMPREGADO DOMÉSTICO. FÉRIAS PROPORCIONAIS. Indevido o pagamento das férias proporcionais ao doméstico, porquanto a lei regulamentadora das relações empregatícias envolvendo empregados domésticos, bem como a Constituição da República não lhe asseguram tal vantagem. Embargos providos. E-RR-324225/96 — Ac. SDI-1 — 2ª Região — Red.: Min. Vantuil Abdala — DJU 26.5.2000, p. 339.

Os direitos assegurados aos empregados domésticos estão previstos na Lei n. 5.859/72 e na Constituição da República, art. 7º, parágrafo único. Não há, nesses diplomas, previsão expressa de férias proporcionais, matéria disciplinada pela CLT (arts. 146 e 147), inaplicável aos empregados domésticos, consoante dispõe o art. 7º, *a*, da CLT. Não é possível, entretanto, recusar, à empregada doméstica, direito que tem origem no tempo de serviço. Ocorrendo rescisão imotivada, pelo empregador, incide a regra geral da conversibilidade da obrigação de fazer em dar (art. 879, CCB). (Tribunal: TST Decisão: 20.11.2002, Proc: RR n.: 704375 Ano: 2000, Região: 17, Recurso de Revista, Turma: 03)

"FÉRIAS PROPORCIONAIS. PEDIDO DE DEMISSÃO. CONTRATO VIGENTE HÁ MENOS DE UM ANO — O empregado que se demite antes de completar 12 (doze) meses de serviço tem direito a férias proporcionais."

Se não fosse só por isso, na falta de previsão específica na lei especial que dispõe sobre a categoria dos empregados domésticos, a norma do art. 186 do Código Civil[11], aplicada por analogia, de todo modo já ampararia o pedido de pagamento, a título de indenização, das férias fracionadas ou proporcionais, na cessação do contrato de trabalho do empregado doméstico, sem justa causa, por iniciativa do empregador, vez que o ato patronal frustraria a aquisição de um direito em vias de ser concretizado, qual seja, as férias anuais remuneradas.

Como se não fosse suficiente, a Constituição, ao assegurar o direito às férias anuais, jamais excluiu o direito a férias proporcionais, que é objeto de norma infraconstitucional.

O empregado doméstico perde o seu direito às férias quando: 1) permanecer em gozo de licença, com percepção de salário, por mais de 30 (trinta) dias; 2) deixar o emprego e não for readmitido dentro de 60 dias subseqüentes à sua

---

(11) Art. 186. Aquele que, por ação ou omissão voluntária, negligência ou imprudência, violar direito e causar dano a outrem, ainda que exclusivamente moral, comete ato ilícito.

saída; 3) deixar de trabalhar, com percepção de salário, por mais de 30 (trinta) dias em virtude de paralisação parcial ou total dos serviços; 4) tiver percebido da Previdência Social prestações de acidente do trabalho ou auxílio doença por mais de 6 (seis) meses, mesmo que descontínuos.

O empregador doméstico não deve conceder férias a sua empregada doméstica durante o período de licença-maternidade. Isto porque, a empregada doméstica fará jus a férias, mesmo que tenha direito à licença-maternidade. Havendo coincidência entre a licença-maternidade e o término do período concessivo de férias, estas deverão ser concedidas à empregada doméstica logo após o seu retorno da licença gestante.

De igual modo, não pode o empregador conceder férias ao seu empregado doméstico durante o período de cumprimento do aviso prévio. Pelo contrário, deve primeiro colocar o empregado para gozar as férias e, apenas após o seu retorno ao trabalho é que deverá ser colocado de aviso prévio.

- **VALE-TRANSPORTE**

Os domésticos são beneficiados pelo vale-transporte, utilizado em despesas de deslocamento residência-trabalho e vice-versa.

A Lei n. 7.418, de 16 de dezembro de 1985, que instituiu a utilidade, logo em seu art. 3º, estabeleceu que o transporte concedido com o fito de franquear o deslocamento do trabalhador de sua casa até o local de trabalho, bem como seu retorno, não possui natureza salarial e tampouco se incorpora à remuneração para quaisquer efeitos, além de não constituir base de incidência das contribuições previdenciárias e do Fundo de Garantia do Tempo de Serviço.

Assim sendo, a utilidade não se incorpora ao salário do doméstico para quaisquer efeitos jurídicos.

Destaque-se que a possibilidade de pagamento do vale-transporte em dinheiro, originalmente prevista no art. 4º, da Medida Provisória n. 280/06, foi revogada pela Medida Provisória n. 283, de 23 de fevereiro de 2006, que lhe suspendeu temporariamente a eficácia, até pelo menos a deliberação da questão pelo Congresso Nacional.

A Lei n. 7.418, de 16 de dezembro de 1985, determinou que o empregador repartisse com o empregado, em proporções diferenciadas, as despesas com transporte.[12]

---

(12) O empregador só estará exonerado da obrigatoriedade do Vale-Transporte se proporcionar, por meios próprios ou contratados, em veículos adequados ao transporte coletivo, o deslocamento residência-trabalho e vice-versa, de seus trabalhadores.

Com efeito, de acordo com o disposto no parágrafo único, do art. 5º, da referida Lei, o empregador participará dos gastos de deslocamento do trabalho com a ajuda de custo equivalente à parcela que exceder a 6% (seis por cento) de seu salário básico.

A contrario sensu, isto quer dizer que o empregador somente suportará a quantia que, paga a título de vale-transporte, exceder a 6% do salário-base do empregado, excluídos os abonos, adicionais, gratificações, comissões etc.

Na prática, o empregador fornece antecipadamente, na forma de vale, o valor integral correspondente às quantias despendidas pelo empregado no percurso "casa-trabalho-trabalho-casa", procedendo, posteriormente, ao desconto dos seis por cento.

O empregador não está obrigado a comprar os vales para o mês todo. Pode comprá-los semanalmente ou quinzenalmente, se preferir. O importante é que forneça os vales mediante recibo assinado pelo empregado.

Imagine-se, a título ilustrativo, o empregado que receba R$ 1.000,00 por mês de salário-base e que gaste diariamente R$ 3,80 no percurso de ida e volta residência-trabalho.

Ao final de um mês, excluídos os sábados e domingos, terá gasto com transporte um total de R$ 83,60 (R$ 3,80 x 22 dias de trabalho).

Pois bem. Seis por cento de mil Reais corresponde a sessenta Reais, os quais, por força da Lei do Vale-Transporte, deverão ser suportados pelo empregado. Assim sendo, neste caso específico, o empregador só terá de arcar com R$ 23,60 (R$ 83,60 – R$ 60,00).

Os R$ 60,00 serão abatidos da remuneração do empregado. Este, porém, na hipótese específica, ainda sairá "ganhando" com o pagamento do vale, uma vez que economizará exatos R$ 23,60, custeados que são pelo empregador.[13]

Pode ser, porém, que o empregado não tenha interesse no recebimento dos vales. É o que ocorre naquelas hipóteses em que o desconto efetuado pelo empregador no salário do doméstico seja maior do que o que ele gaste com passagens diariamente para ir trabalhar. Se for o caso, deverá manifestar, por escrito, seu desejo de não receber a utilidade.

---

(13) A sistemática do Vale-Transporte foi regulamentada pelo Decreto n. 95.247/85, que assim dispõe quanto ao custeio do benefício: Art. 9º O Vale-Transporte será custeado: I — pelo beneficiário, na parcela equivalente a 6% (seis por cento) de seu salário básico ou vencimento, excluídos quaisquer adicionais ou vantagens; II — pelo empregador, no que exceder à parcela referida no item anterior. Parágrafo único. A concessão do Vale-Transporte autorizará o empregador a descontar, mensalmente do beneficiário que exercer o respectivo direito, o valor da parcela de que trata o item I deste artigo.

Sobre o tema, cumpre ainda discorrer acerca da exigência contida no art. 7º, do Decreto n. 95.247/87, que regulamentou a Lei n. 7.418/85, instituidora do Vale-Transporte.

Segundo mencionado dispositivo, o direito ao recebimento da utilidade está condicionado à iniciativa do próprio empregado, que deverá, por escrito, informar ao seu empregador (i) seu endereço residencial e (ii) os serviços e meios de transporte mais adequados ao seu deslocamento residência-trabalho e vice-versa.

A exigência de iniciativa do funcionário justifica-se pelo fato de estar a obrigação de fornecer os vales condicionada à efetiva necessidade do trabalhador receber o benefício, até mesmo porque para o empregado que reside próximo de seu local de trabalho, e que possa ir à pé, o vale não tem utilidade. Pelo menos, não para a prestação dos serviços para os quais foi contratado.

Assim sendo, a ausência de solicitação faz presumir a inexistência de tal tipo de despesa, não obrigando o empregador ao seu pagamento.[14]

---

(14) O Tribunal Superior do Trabalho, inclusive, já firmou entendimento, por meio da Orientação Jurisprudencial n. 215, no sentido de que o ônus de comprovar a satisfação dos requisitos legais autorizadores da concessão da utilidade recaem sobre o empregado.

Por conseqüência, constituirão falta grave, de acordo com o preconizado pelo art. 7º, § 3º, do Decreto n. 95.247/87, declarações falsas prestadas pelo funcionário ou o uso indevido do vale-transporte. Por uso desvirtuado, deve-se entender toda forma de utilização que não se destine exclusivamente ao percurso de ida e volta casa-trabalho.[15]

Não faz muito tempo, os vales de papel foram substituídos pelo chamado "Rio Card". Trata-se o vale-transporte eletrônico de um simples cartão, cuja finalidade é a mesma dos vales impressos, qual seja, fornecer ao empregado, antecipadamente, o valor equivalente àquele despendido em seu deslocamento mensal de casa para o trabalho e do trabalho para casa.

O cartão só é aceito nos transportes coletivos legais, o que exclui "vans" e "kombis" irregulares. Além do mais, não pode ser utilizado mais de oito vezes ao dia, tampouco reutilizado no mesmo transporte em intervalo inferior a trinta minutos. O objetivo é evitar que outras pessoas, que não o trabalhador, façam uso da utilidade.

---

(15) Assim dispõe o art. 7º, § 2º, do Decreto n. 95.247/87, *verbis*: "O beneficiário firmará compromisso de utilizar o Vale-Transporte exclusivamente para seu efetivo deslocamento residência-trabalho e vice-versa."

A diferença com relação aos vales de papel, alvo de severas críticas, é que o cartão contém a totalidade do valor gasto com transporte, em um mês, pelo empregado.

Assim, enquanto os vales impressos possibilitavam ao empregado portar apenas a quantidade exata dos tíckets que seriam utilizados em um dia de trabalho, o cartão obriga a que o empregado "carregue em seu bolso", todos os dias, o valor referente a todo um mês de passagens.

A grande problemática jurídica suscitada com a instituição da nova sistemática diz respeito precisamente àquelas hipóteses em que ocorre a perda, roubo ou furto do cartão. Assim sendo, coloca-se a questão de sobre quem recairá o ônus pelo pagamento de novo cartão. A jurisprudência ainda não ofereceu qualquer parâmetro a equacionar a situação, até mesmo porque, até então, ao que se tem notícia, nenhum caso concreto envolvendo a temática foi levado à apreciação do Poder Judiciário.

De todo modo, como a adoção do cartão eletrônico é obrigatoriedade legal, parece-nos injusto que seja sobre o empregador, no caso de *perda* pelo empregado doméstico, que recaia o ônus de pagar de novo pelo vale-transporte. Caberia ao doméstico, no caso de perda, suportar sozinho o ônus.

Nos casos de furto ou roubo, a solução mais adequada não parece ser esta. É que, em tais hipóteses, nem empregado, nem empregador podem ser responsabilizados pela perda do vale. Assim, no silêncio da lei, melhor seria que a responsabilidade fosse repartida.

• **ESTABILIDADE DA GESTANTE**

Por inovação da Lei n. 11.324/06, as empregadas domésticas que engravidarem no curso do contrato de trabalho passam a contar com a garantia de estabilidade provisória, que vai da confirmação da gravidez, até cinco meses após o parto, período durante o qual o empregador ficará impossibilidade de rescindir o contrato de trabalho, a não ser em hipóteses de justa causa.

Antes, a doméstica que engravidasse poderia ser dispensada. Hoje, não é mais assim.

Eventual demissão ocorrida no período de estabilidade poderá fundamentar eventual ação trabalhista em que se pleiteie (i) a reintegração no emprego, se ainda não transcorrido o período da garantia, sem prejuízo do salário devido; (ii) ou, na hipótese de finda a estabilidade, indenização correspondente a todos os salários a que teria direito no período.

É indiferente que o empregador tenha ou não conhecimento do estado da empregada, para que lhe seja assegurada a estabilidade no emprego. A garantia decorre pura e simplesmente da gravidez, não importando, mais uma vez, se o empregador sabe ou não que a doméstica está grávida. Pode ser que nem mesmo a empregada saiba que está grávida, e, ainda assim, terá direito à estabilidade no emprego.[16]

Isto quer dizer que, se a empregada vier a descobrir um mês depois de ocorrida a demissão que está grávida, poderá pleitear na Justiça do Trabalho a reintegração no emprego, sem prejuízo dos salários que deixou de receber durante o período em que esteve afastada.

Não é incomum, porém, que a empregada gestante deixe, propositalmente, transcorrer o período da garantia, para, só então, ir a juízo pleitear a indenização a que, em tese, teria direito.

Nesses casos, muitos juízes, em demonstração de sensatez, vem entendendo pela impro-

---

(16) O TST já pacificou o entendimento por meio do Verbete de Súmula n. 244: GESTANTE. ESTABILIDADE PROVISÓRIA. I — O desconhecimento do estado gravídico pelo empregador não afasta o direito ao pagamento da indenização decorrente da estabilidade. (art. 10, II, *b* do ADCT). (ex-OJ n. 88 — DJ 16.4.2004) II — A garantia de emprego à gestante só autoriza a reintegração se esta se der durante o período de estabilidade. Do contrário, a garantia restringe-se aos salários e demais direitos correspondentes ao período de estabilidade. III — Não há direito da empregada gestante à estabilidade provisória na hipótese de admissão mediante contrato de experiência, visto que a extinção da relação de emprego, em face do término do prazo, não constitui dispensa arbitrária ou sem justa causa.

cedência da pretensão da doméstica, que, sem justificativa, deixa passar o prazo da estabilidade, para, só depois, ingressar em juízo. A "estratégia" consiste em esperar terminar o período da garantia, quando, então, a gestante não poderá mais ser reintegrada ao emprego, para reclamar no Judiciário os salários do período de estabilidade, sem que, para tanto, tenha que trabalhar. O fenômeno ficou conhecido na Justiça do Trabalho como "ócio remunerado" e vem sendo repreendido.

Por fim, vale destacar que a doméstica grávida não poderá ser colocada de aviso prévio, devendo o empregador aguardar o fim do período de estabilidade para avisar da dispensa. O E. TST já sumulou o entendimento, confira-se:

> *AVISO PRÉVIO. CONCESSÃO NA FLUÊNCIA DA GARANTIA DE EMPREGO. INVALIDADE.*
> É inválida a concessão do aviso prévio na fluência da garantia de emprego, ante a incompatibilidade dos dois institutos.[17]

Passa-se, agora, a analisar quais os direitos previdenciários dos empregados domésticos.

---

(17) Súmula n. 348 do TST.

IX. DIREITOS PREVIDENCIÁRIOS DO DOMÉSTICO

- **LICENÇA-MATERNIDADE E PATERNIDADE**

A doméstica que engravida tem, nos termos da Constituição Federal, direito a uma licença de 120 dias, sem prejuízo do emprego e do salário. O período de afastamento visa a permitir que a doméstica fique em casa para cuidar do seu filho, nos delicados primeiros meses de nascimento da criança. Nada impede que a gestante saia de licença alguns dias antes de dar à luz e, aliás, é o que geralmente ocorre.

O salário-maternidade é pago diretamente pelo INSS à gestante, independentemente do seu tempo de serviço e contribuição. O único requisito exigido para recebimento do benefício é a continuidade do vínculo de emprego[1]. O salário-maternidade para a segurada empregada consiste numa renda mensal igual à sua remuneração integral.

Hoje, com a extensão da garantia da estabilidade também à doméstica que engravida,

---

(1) Art. 97, do Decreto n. 3.048/99: O salário-maternidade da empregada será devido pela previdência social enquanto existir a relação de emprego.

não é mais possível se romper o vínculo empregatício no período que vai da confirmação da gravidez até os cinco meses que se seguem ao parto. Então, não há como a gestante deixar de receber o auxílio-maternidade. Antigamente, porém, havia um problema, porque a rescisão do contrato de trabalho, nesse período, muito comum, aliás, implicava a perda do recebimento da prestação previdenciária. Não era por outra razão, que os Tribunais Trabalhistas, em gesto de sensibilidade, determinavam ao empregador o pagamento de indenização correspondente ao benefício. Isto é, o empregador até podia demitir a doméstica que engravidasse, mas teria que lhe pagar indenização equivalente a tantos salários-maternidades quantos tivesse direito a receber do INSS.

Para receber o benefício, a empregada deve se dirigir a qualquer posto do INSS, pelo menos 28 dias antes da data prevista para o parto, ou então, até, no máximo, 90 dias depois de ter dado à luz, com os seguinte documentos: (i) CTPS; (ii) carnê do INSS quitado; (iii) n. do CPF do empregador; (iv) atestado do período de gravidez.

O empregado doméstico que vira "papai" também tem direito à licença, essa mais reduzida que a da mulher, de apenas 5 dias, para que possa, dentre outras coisas, cuidar da papelada relacionada ao registro da criança.

• APOSENTADORIA

Como já se viu, os domésticos integram o Sistema Geral de Previdência Social, de forma que os recolhimentos para o INSS são obrigatórios. Assim sendo, poderão requisitar a aposentadoria, desde que atendidas as exigências legais para sua concessão.

Ainda nesta seara, se o empregado doméstico já for aposentado não há nenhuma objeção a que volte a trabalhar. Não poderá fazê-lo, entretanto, se a sua aposentadoria tiver sido concedida por invalidez. Aliás, contratá-lo nessas condições, colocará em risco a própria aposentadoria do segurado, porque se o fato for denunciado ao INSS, certamente a sua aposentadoria será cassada, podendo, ainda, requerer de volta o que o segurado recebeu, indevidamente, como proventos.

X. DIREITOS RESCISÓRIOS DO DOMÉSTICO

Antes de mais nada, cumpre registrar que, não havendo previsão na legislação específica ou no parágrafo único do art. 7º da Constituição Federal, inexiste obrigatoriedade de homologação perante o Sindicato ou Ministério do Trabalho do termo de rescisão contratual de contrato de trabalho doméstico, mesmo quando conte o trabalhador com mais de um ano de serviço.

Dependendo da forma pela qual se extingue o contrato de trabalho, por justa causa ou sem justa causa, diferentes serão as verbas rescisórias devidas ao empregado doméstico.

Adiante-se, desde logo, que de todas as verbas devidas por ocasião da extinção do contrato de trabalho, o empregado doméstico só faz jus ao aviso prévio, férias proporcionais e ao 13º salário proporcional e, ainda assim, dependendo da forma de extinção do contrato.

Antes de se passar ao elenco dos pormenores, vale registrar questão importantíssima. O empregador doméstico pode e deve exigir que o empregado assine recibos. Sempre.

O empregador doméstico ao efetuar qualquer pagamento ou fazer qualquer comunicação ao seu empregado, deve preparar um recibo ou documento e solicitar que o mesmo assine. Este tipo de procedimento não se presume, prova-se. A falta de recibo ou documento assinado pelo empregado doméstico assegura-lhe o direito de reclamar em juízo os seus direitos, e as chances do empregador obter êxitos são mínimas. O recibo é a prova material dos pagamentos efetuados.

Quanto ao FGTS, multa de 40% e seguro-desemprego, cumpre esclarecer que não foram estendidos aos domésticos, de forma que sua concessão é facultativa, condicionada à vontade do empregador de incluir o empregado doméstico no Fundo de Garantia do Tempo de Serviço, tal qual previsto na Lei n. 5.859/72, modificada pela Lei n. 10.208/01.[1]

De uma forma geral, considera-se devido ao empregado doméstico em decorrência da extinção do contrato: (i) aviso prévio; (ii) 13º salário, integral ou proporcional; (iii) férias vencias ou proporcionais, acrescidas de 1/3; (iv) saldo de salários.

---

(1) Assim dispõe o art. 3º-A, da Lei n. 5.859/72, que trata da profissão de empregado doméstico: Art. 3º-A: É facultada a inclusão do empregado doméstico no Fundo de Garantia do Tempo de Serviço (FGTS), de que trata a Lei n. 8.036, de 11 de maio de 1990, mediante requerimento do empregador, na forma do regulamento. Parágrafo único. Os trabalhadores domésticos poderão ter acesso ao regime do FGTS, na forma que vier a ser prevista em lei.

• EXTINÇÃO DO CONTRATO DE TRABALHO SEM JUSTA CAUSA

O contrato de trabalho poderá se extinguir por iniciativa de qualquer das partes contratantes, seja do empregador, seja do empregado, sem a necessidade de existência de qualquer causa jurídica que fundamente a decisão. Diz-se, então, nesses casos, que a resolução do contrato se opera sem justa causa.

Nessas hipóteses, a lei impõe àquele que tomou a iniciativa de rescindir o contrato de trabalho a obrigatoriedade de avisar a outra parte de sua decisão, com antecedência mínima de 8 ou 30 dias, dependendo da periodicidade com que ocorre o pagamento da remuneração. A obrigação encontra fundamento no princípio da continuidade da relação de trabalho, que é a regra em nosso ordenamento. A CLT, como não poderia deixar de ser, regula a matéria:

> "Art. 487. Não havendo prazo estipulado, a parte que, sem justo motivo, quiser rescindir o contrato, deverá avisar a outra da sua resolução, com a antecedência mínima de:
>
> I — oito dias, se o pagamento for efetuado por semana ou tempo inferior;
>
> II — trinta dias aos que perceberem por quinzena ou mês, ou que tenham mais de doze meses de serviço na empresa."

A falta de aviso por parte do empregador dá ao empregado o direito aos salários correspondentes ao período do aviso prévio. O período, embora não trabalhado, será projetado, à base de 1/12, na duração do contrato, para efeitos de cálculo de férias e gratificação natalina. Até mesmo porque, a rescisão só se torna efetiva depois de expirado o prazo do aviso, havendo possibilidade, inclusive, até o seu termo, de reconsideração do ato[2], cabendo à outra parte aceitar ou não o pedido.

Ao contrário, a falta de aviso por parte do empregado autoriza o empregador a descontar do montante das verbas rescisórias devidas o valor do aviso prévio.

Independentemente de quem tome a iniciativa da rescisão do contrato, ainda serão devidos aos domésticos saldos de salários, 13º salário, férias proporcionais, acrescidas de 1/3, férias vencidas, pagas de forma simples ou em dobro, dependendo, respectivamente, se já findou ou não o período concessivo.

- **EXTINÇÃO DO CONTRATO DE TRABALHO POR JUSTA CAUSA**

Verificada a ocorrência de quaisquer das causas previstas no art. 482[3] da CLT, o empre-

---

(2) Art. 489, da CLT: Dado o aviso prévio, a rescisão torna-se efetiva depois de expirado o respectivo prazo, mas, se a parte notificante reconsiderar o ato, antes de seu termo, à outra parte é facultado aceitar ou não a reconsideração.

(3) Art. 482, da CLT: Constituem justa causa para rescisão do contrato de trabalho pelo empregador: a) ato de improbidade;

gador poderá resolver o contrato de trabalho. Nem a estabilidade da doméstica, resultante de gravidez, irá obstar o exercício do direito de dispensar do empregador. Como se costuma dizer, não há garantia de emprego que resista a uma justa causa.

Nestes casos, como forma de punição, só serão devidos (i) saldo de salário e (ii) férias já vencidas, pois constituem-se em direito adquirido do doméstico. O 13º salário, nos termos do art. 7º, do Decreto n. 57.155/65, que trata da gratificação de natal, deixa de ser devido:

"Art. 7º Ocorrendo a extinção do contrato de trabalho, *salvo na hipótese de rescisão com justa causa*, o empregado receberá a gratificação devida, nos termos do art. 1º, calculada sobre a remuneração do respectivo mês." (grifo nosso)

---

b) incontinência de conduta ou mau procedimento; c) não se aplica aos domésticos; d) condenação criminal do empregado, passada em julgado, caso não tenha havido suspensão da execução da pena; e) desídia no desempenho das respectivas funções; f) embriaguez habitual ou em serviço; g) não se aplica ao doméstico; h) ato de indisciplina ou de insubordinação; i) abandono de emprego; j) ato lesivo da honra ou da boa fama praticado no serviço contra qualquer pessoa, ou ofensas físicas, nas mesmas condições, salvo em caso de legítima defesa, própria ou de outrem; k) ato lesivo da honra e boa fama ou ofensas físicas praticadas contra o empregador e superiores hierárquicos, salvo em caso de legítima defesa, própria de outrem; l) prática constante de jogos de azar.

XI. DIREITOS QUE NÃO FORAM ESTENDIDOS AO DOMÉSTICO

Muitos dos direitos trabalhistas previstos no art. 7º, da Constituição Federal, não foram, até o momento, estendidos aos domésticos, dentre os quais:

- recebimento do abono salarial e rendimentos relativos ao Programa de Integração Social (PIS), em virtude de não ser o(a) empregador(a) contribuinte desse programa;
- salário-família;
- benefícios por acidente de trabalho;
- adicional de periculosidade e insalubridade;
- horas-extras;
- jornada de trabalho fixada em lei;
- adicional noturno etc.

No que diz respeito à jornada de trabalho, caberá às partes fixar o número de dias e horas a serem trabalhados na semana, lembrando-se sempre que o domingo é, preferencialmente, dia de repouso remunerado. Nada impede, porém, que as partes estabeleçam outro dia como de descanso.

Quanto aos recolhimentos devidos ao Fundo de Garantia do Tempo de Serviço, vale destacar que, para os domésticos, não são obrigatórios. Entretanto, tendo o empregador optado por incluir seu empregado no regime do FGTS, não poderá voltar atrás, suspendendo o recolhimento dos depósitos.

Aliás, a concessão do seguro-desemprego está condicionada à inclusão do empregado doméstico no FGTS, segundo o que dispõe o art. 6º-A e seguintes, da Lei n. 5.889/72, *verbis*:

"Art. 6º-A. O empregado doméstico que for dispensado sem justa causa fará jus ao benefício do seguro-desemprego, de que trata a Lei n. 7.998, de 11 de janeiro de 1990, no valor de um salário-mínimo, por um período máximo de 3 (três) meses, de forma contínua ou alternada.

§ 1º O benefício será concedido ao empregado inscrito no FGTS que tiver trabalhado como doméstico por um período mínimo de 15 (quinze) meses nos últimos 24 (vinte e quatro) meses contados da dispensa sem justa causa.

§ 2º Considera-se justa causa para os efeitos desta lei as hipóteses previstas no art. 482, com exceção das alíneas *c* e *g* e do seu parágrafo único, da Consolidação das Leis do Trabalho."

Outrossim, como apontado, a estabilidade provisória assegurada ao empregado acidentado, por força da Lei n. 8.213, de 1991, também não se estende ao doméstico, em face da exclusão contida nos art. 11 e 18, § 1º, da referida lei:

> "Art. 11. São segurados obrigatórios da Previdência Social as seguintes pessoas físicas:
>
> (...)
>
> II — como empregado doméstico: aquele que presta serviço de natureza contínua a pessoa ou família, no âmbito residencial desta, em atividades sem fins lucrativos;".
>
> "Art. 18, § 1º Somente poderão beneficiar-se do auxílio-acidente os segurados incluídos nos incisos I, VI e VII do art. 11 desta Lei."

- **DIREITOS SINDICAIS**

A Constituição da República de 1988 não arrolou, expressamente, entre os direitos assegurados aos domésticos, os acordos, tampouco as convenções coletivas. Tanto é que o art. 7º, parágrafo único, não incluiu em seu contexto o inciso XXVI[1] do referido artigo.

Com base nesse argumento, e também sob o fundamento de que a atividade doméstica não poderá ser considerada atividade econômica, o

---

(1) Art. 7º São direitos dos trabalhadores urbanos e rurais, além de outros que visem à melhoria de sua condição social: (...) XXVI — reconhecimento das convenções e acordos coletivos de trabalho;

TST tem sustentado a impossibilidade de negociação coletiva (art. 8º, VI, da Constituição da República de 1988) ao sindicato dos trabalhadores domésticos, negando-lhes o direito ao ajuizamento de dissídio coletivo, por impossibilidade jurídica.

Note-se, entretanto, que o direito de sindicalização tem sido exercido pelos domésticos. Embora não lhes tenha sido assegurado de forma expressa, esse direito lhes é reconhecido implicitamente, pois, além de a Constituição da República não proibi-lo, como o fez com relação ao militar, o art. 5º, XVII, assegura aos brasileiros e aos estrangeiros a plena liberdade de associação para fins lícitos.

Da mesma forma, no tocante à greve, também não há reconhecimento expresso desse direito, mas inexiste vedação constitucional, logo, cabe aos domésticos exercê-lo, se considerarem conveniente.

XII. DIREITOS E DEVERES DO EMPREGADOR DOMÉSTICO

Doravante, em homenagem ao princípio da igualdade, passemos aos direitos do empregador, ordenados pela seguinte listagem:

- Descontar: alimentação (até 25%), moradia (até 20%), vale-transporte (6%), contribuição previdenciária (de 7,65% a 11%) e adiantamento salarial;
- Exigir do empregado a apresentação de seus documentos pessoais; demitir o empregado com ou sem justa causa;
- Descontar do salário do empregado os danos causados ao seu patrimônio de forma dolosa;
- Descontar da rescisão do empregado o aviso prévio, caso o empregado não tenha avisado de sua saída do emprego com antecedência de 30 dias;
- Descontar a remuneração pelo repouso semanal nos casos permitidos por lei;
- Exigir recibos pelos pagamentos;
- Exigir que o doméstico trabalhe aos sábados, uma vez ser dia útil, e ter a lei assegurado aos domésticos o repouso semanal remunerado de apenas 1 dia na semana, que deve ser concedido preferencialmente aos domingos.

XIII. OUTRAS MUDANÇAS TRAZIDAS PELA LEI N. 11.324/06

Mudança significativa trazida pela Lei n. 11.324/06, com o objetivo de incrementar a formalização dos vínculos dos empregados domésticos, foi a dedução no Imposto de Renda Pessoa Física de 12% do Instituto Nacional de Seguridade Social (INSS). Esta dedução é garantida sobre o valor do recolhimento referente a um salário mínimo mensal de um doméstico, incluindo a parcela de 13º e 1/3 de férias.

Também permitiu-se ao empregador recolher a contribuição para o INSS referente a competência de novembro de cada ano até o dia 20 de dezembro, juntamente com a contribuição referente ao 13º salário, utilizando-se de um único documento de arrecadação (GPS).

XIV. A REPRESENTAÇÃO DO EMPREGADOR DOMÉSTICO NA JUSTIÇA DO TRABALHO

A importância do preposto na Justiça do Trabalho pode ser constatada, de plano, pelo simples fato de que é ele quem conhece a estrutura do empregador, sua cultura, seus empregados e, conseqüentemente, as futuras testemunhas.

Assim, o preposto deve ser alguém com postura, seriedade, responsabilidade, que passe credibilidade ao advogado e, especialmente, ao juiz. Não é aconselhável a escolha de pessoas inibidas, tímidas ou medrosas. Ressalte-se, ainda, que, em audiência, o preposto deve se apresentar de modo formal, vestido de maneira adequada a um compromisso judicial.

Como já abordado, por força do art. 3º, inciso II, do Decreto n. 71.885, de 1973, empregador doméstico é a pessoa ou a família. Logo, qualquer de seus membros residentes no local de trabalho poderá representar, em audiência, o empregador réu em reclamação trabalhista, desde que seja agente capaz e conhecedor dos fatos.

Logicamente, a representação não mais se limita apenas ao marido, que, como é sabido, não é mais o "chefe" da sociedade conjugal, conforme previa o superado art. 233, I[(1)], do Código Civil de 1916. Em boa hora, a Constituição da República de 1988 eliminou a figura do chefe da sociedade conjugal, ao estatuir que: "Os direitos e deveres referentes à sociedade conjugal são exercidos igualmente pelo homem e pela mulher" (art. 226, § 5º[(2)]).

Logo, qualquer membro da família poderá representá-la em juízo, desde que seja agente capaz e tenha conhecimento dos fatos.

Ao chegar à sala de audiências, é de bom grado que o preposto entre logo e vá acompanhando o desenrolar das assentadas anteriores, para familiarizar-se com o ritmo e o temperamento do magistrado.

Iniciada a audiência, o preposto precisa estar atento à possibilidade de se celebrar um acordo. Essa questão é de vital importância, já que, uma vez celebrado o acordo em audiência, não poderá outro membro da família invalidá-lo, sob o pálido argumento de que o preposto não teria sido autorizado a fazê-lo.

---

(1) Art. 233. O marido é o chefe da sociedade conjugal, função que exerce com a colaboração da mulher, no interesse comum do casal e dos filhos (arts. 240, 247 e 251). Compete-lhe: I — a representação legal da família;

(2) Art. 226, § 5º, da CF: Os direitos e deveres referentes à sociedade conjugal são exercidos igualmente pelo homem e pela mulher.

Quanto ao depoimento pessoal, o preposto deve, apenas, narrar os fatos contratuais, evitando comentários particulares e opiniões próprias. No momento de responder as questões, o preposto deve se dirigir ao magistrado, evitando olhar diretamente ao advogado, como se estivesse buscando uma orientação e/ou autorização para suas respostas. Estas devem ser precisas, objetivas e concisas.

Como o depoimento é de vital relevância, o preposto deve ter a preocupação de não contradizer os termos da contestação, sob pena de o juiz aplicar a pena de confissão, já que haverá duas versões distintas para a mesma defesa.

Em termos legais, a CLT dispõe acerca do comparecimento das partes em alguns momentos. Vejamos:

> Art. 843. Na audiência de julgamento deverão estar presentes o reclamante e o reclamado, independentemente do comparecimento de seus representantes salvo, nos casos de Reclamatórias Plúrimas ou Ações de Cumprimento, quando os empregados poderão fazer-se representar pelo Sindicato de sua categoria.
>
> § 1º É facultado ao empregador fazer-se substituir pelo gerente, ou qualquer outro preposto que tenha conhecimento do fato, e cujas declarações obrigarão o proponente.
>
> (...)

Art. 844. O não-comparecimento do reclamante à audiência importa o arquivamento da reclamação, e o não-comparecimento do reclamado importa revelia, além de confissão quanto à matéria de fato.

Parágrafo único. Ocorrendo, entretanto, motivo relevante, poderá o presidente suspender o julgamento, designando nova audiência.

Art. 861. É facultado ao empregador fazer-se representar na audiência pelo gerente, ou por qualquer outro preposto que tenha conhecimento do dissídio, e por cujas declarações será sempre responsável.

Art. 862. Na audiência designada, comparecendo ambas as partes ou seus representantes, o Presidente do Tribunal as convidará para se pronunciarem sobre as bases da conciliação. Caso não sejam aceitas as bases propostas, o Presidente submeterá aos interessados a solução que lhe pareça capaz de resolver o dissídio.

Assim, nada impede também que o empregador doméstico se faça representar por preposto credenciado, como, por exemplo, um mordomo ou governanta, uma vez que, sendo a Justiça do Trabalho competente para solucionar litígio entre empregado e empregador regidos por legislação social, é inquestionável a aplicação do disposto no art. 843 consolidado. A exigência segundo a qual o preposto deverá ser necessariamente empregado não se aplica ao âmbito doméstico (Súmula n. 377 do TST[3]).

Por outro lado, o empregado, consoante o § 2º do art. 843, só pode fazer-se representar por outro empregado que pertença à mesma profissão ou pelo seu sindicato, caso não possa comparecer à audiência em razão de moléstia ou outro motivo relevante. Vale dizer, a substituição do reclamante, portanto, é restrita a pessoas que tenham vínculo direto com a sua profissão (sua categoria).

---

(3) PREPOSTO. EXIGÊNCIA DA CONDIÇÃO DE EMPREGADO. Exceto quanto à reclamação de empregado doméstico, o preposto deve ser necessariamente empregado do reclamado. Inteligência do art. 843, § 1º, da CLT.

XV. OS BENS DE FAMÍLIA E O EMPREGADO DOMÉSTICO

A Lei n. 8.009, de 1990, dispõe sobre a impenhorabilidade do imóvel residencial próprio do casal ou da entidade familiar, dos equipamentos, inclusive de uso profissional, e dos móveis que guarnecem a casa, desde que quitados.

A dita impenhorabilidade é oponível em qualquer processo de execução civil, fiscal, previdenciária, trabalhista ou de outra natureza, salvo se movido em razão dos créditos de trabalhadores da própria residência, em geral, os empregados doméstico, e das respectivas contribuições previdenciárias (art. 3º[1]).

Em conseqüência, a impenhorabilidade a que se refere a Lei n. 8.009, de 1990, não procede quando o empregado doméstico for o credor.

---

[1] Art. 3º A impenhorabilidade é oponível em qualquer processo de execução civil, fiscal, previdenciária, trabalhista ou de outra natureza, salvo se movido: I — em razão dos créditos de trabalhadores da própria residência e das respectivas contribuições previdenciárias;

CONSIDERAÇÕES FINAIS

Apresentados os domésticos, diferenciando-os dos chamados diaristas, procurou-se sistematizar quais direitos trabalhistas e previdenciários lhes foram estendidos, bem como a maneira de exercitá-los, sempre sintonizados com o que há de mais recente a respeito da matéria na legislação brasileira.

O objetivo é o de tornar o leitor capacitado, através de exemplos práticos, a operacionalizar o direito do trabalho em seu dia-a-dia, em suas relações com aqueles que lhes prestam serviços na qualidade de empregados domésticos.

Por um lado, espera-se, sinceramente, que a lei seja cumprida, prestigiando-se aquilo que de mais valioso pertence aos que trabalham: sua dignidade.

De outro, quer-se alertar o empregador para o fato de que também ele titulariza direitos trabalhistas em face de seu empregado, o que, na maioria das vezes, não é devidamente lembrado.

A proteção despendida pelo direito do trabalho, enfim, ao contrário do que se costuma pensar, vale tanto para empregado, quanto para empregador.

verá ser necessariamente empregado não se aplica ao âmbito doméstico (Súmula n. 377 do TST[3]).

Por outro lado, o empregado, consoante o § 2º do art. 843, só pode fazer-se representar por outro empregado que pertença à mesma profissão ou pelo seu sindicato, caso não possa comparecer à audiência em razão de moléstia ou outro motivo relevante. Vale dizer, a substituição do reclamante, portanto, é restrita a pessoas que tenham vínculo direto com a sua profissão (sua categoria).

---

(3) PREPOSTO. EXIGÊNCIA DA CONDIÇÃO DE EMPREGADO. Exceto quanto à reclamação de empregado doméstico, o preposto deve ser necessariamente empregado do reclamado. Inteligência do art. 843, § 1º, da CLT.

XV. OS BENS DE FAMÍLIA E O EMPREGADO DOMÉSTICO

A Lei n. 8.009, de 1990, dispõe sobre a impenhorabilidade do imóvel residencial próprio do casal ou da entidade familiar, dos equipamentos, inclusive de uso profissional, e dos móveis que guarnecem a casa, desde que quitados.

A dita impenhorabilidade é oponível em qualquer processo de execução civil, fiscal, previdenciária, trabalhista ou de outra natureza, salvo se movido em razão dos créditos de trabalhadores da própria residência, em geral, os empregados doméstico, e das respectivas contribuições previdenciárias (art. 3º[1]).

Em conseqüência, a impenhorabilidade a que se refere a Lei n. 8.009, de 1990, não procede quando o empregado doméstico for o credor.

---

(1) Art. 3º A impenhorabilidade é oponível em qualquer processo de execução civil, fiscal, previdenciária, trabalhista ou de outra natureza, salvo se movido: I — em razão dos créditos de trabalhadores da própria residência e das respectivas contribuições previdenciárias;